AF561125

M. ROCOCO,

OU

LE NOUVEAU SALON

D'EXPOSITION.

. . . . ridendo dicere verum
Quid vetat.

Prix : 30 c.

A PARIS,

Chez DELAUNAY, Libraire, Palais-Royal, Galeries de bois, n.° 243.

JUILLET 1817.

De l'Imprimerie de P. N. Rougeron, Imprimeur, rue de l'Hirondelle, N.° 22.

M. ROCOCO,

OU

LE NOUVEAU SALON D'EXPOSITION.

M. Rococo étoit un amateur qui possédoit une riche collection de tableaux ; quoiqu'il se piquât d'être original, et de ne copier ni les anciens ni les modernes, il avoit succombé à la tentation d'imiter les modes de Paris, en ouvrant un salon d'exposition auquel il avoit appelé tous les artistes ; pour donner à cette exposition plus d'éclat, il organisa un jury, et à cet effet, il invita les habitans de son village, qui se croiroient assez éclairés pour remplir ces augustes fonctions, à venir se présenter.

Le premier qui vint s'offrir étoit un maître maçon qui avoit lu Vignole et Winkelman. M. Rococo ne crut pas devoir le refuser.

Le second étoit un vitrier qui peignoit les enseignes des barbiers du canton; il observa naïvement que, puisque les peintres d'histoire de Paris peignoient des enseignes, il croyoit pouvoir se mettre sur les rangs. M. Rococo, charmé de son ingénuité, l'accepta.

Le troisième étoit un savetier. « Vous » n'y pensez pas, lui dit-on. — Comment, » je n'y pense pas : sachez que pour faire » un soulier il faut connoître les propor» tions du pied ; le pied tient au tibia, le » tibia à l'humérus, l'humérus soutient » le torse. — Passez, lui dit M. Rococo, » je vois que vous savez le technique ».

Le quatrième faisoit des chaussettes. M. Rococo se mordoit les doigts. « C'est » moi, dit-il, qui ai découvert que dans » le tableau de Didon il y a une jambe » plus courte que l'autre; je voulois en » faire part aux journalistes, mais un cri» tique de Paris m'a volé mon idée ». Il fut admis, de même que le cinquième qui étoit teinturier, et dont les vêtemens parsemés de nuances déceloient un coloriste.

Le sixième étoit le maître d'école ; il faisoit des oiseaux et des chiens à main levée ; il passa de même.

Le septième étoit charpentier. M. Rococo vouloit faire quelques observations : on lui dit que, puisque l'on admettoit au Salon de Paris des tables en acajou, un charpentier n'étoit pas déplacé dans le jury : il n'insista pas davantage.

Le huitième étoit un fripier. « L'école » actuelle, dit-il, brille par la richesse, » l'éclat, la fraîcheur des draperies et de » toutes espèces d'accessoires ; je crois » donc pouvoir me placer parmi les juges. » — Vous avez malheureusement raison, » lui répliqua M. Rococo ».

Voilà huit jurés, il en falloit un neuvième pour faire un nombre impair. Le portier de M. Rococo parut. « C'est moi, » dit-il, qui ai tiré le cordon à tous vos » Michel-Ange, Raphaël, Poussin ; je sau» rai bien connoître si ceux qui se présen-

» teront auront la même tournure ». Il fut nommé d'emblée.

On proclama le maire président à l'unanimité, on l'invita à ne pas admettre les héros nus, pour ne pas scandaliser l'institut du village. Il fit un discours sur l'utilité des beaux arts et les progrès de l'école ; il observa avec regret que le local des expositions étoit très-petit, qu'il n'y avoit pour les tableaux qu'un grand salon, deux corridors, quatre antichambres et six galeries ; qu'ainsi on seroit forcé de refuser plusieurs artistes, qu'il étoit à propos de faire un choix.

Ce mot, de choix, choqua un des jurés qui avoit des idées libérales, et lui parut rappeler d'anciens privilèges : « D'ailleurs,
» dit-il, sommes-nous bien en état de
» faire un choix, avons-nous assez de con-
» noissances. Vous, M. le teinturier, on
» ne peut vous contester la science des
» couleurs ; mais, possédez-vous celle du
» dessin, de l'expression, de la poésie.
» M. le peintre d'enseignes, connoissez-

» vous la sculpture et la gravure. Vous, » M. le maçon, parce que vous insérez » quelques articles dans la feuille du vil» lage, vous croyez-vous infaillible : j'o» pine pour l'admission de tous les ou» vrages, sauf ceux qui seroient contre » les mœurs ».

Le savetier prit la parole. « A quoi bon » nous casser la tête à examiner quelles » productions sont les meilleures, je les » crois toutes bonnes et toutes médiocres ; » nous n'avons plus ni des Raphaël, ni » des Rubens, comme il n'existe plus ni » des Homère, ni des Virgile ; mon avis » est que le sort en décide, et que nous » tirions à croix ou pile ; nous ne serons » peut-être pas le premier jury des arts » qui aura jugé de cette manière. — Je » m'y oppose, dit le maître d'école, on » nous accuseroit de partialité ou de sot» tise, je veux que nous motivions nos » refus, et que nos séances soient publi» ques ».

Ce dernier avis l'emporta, parce qu'il

étoit le plus sage; l'on appela les artistes les uns après les autres, pour ne pas trop encombrer l'escalier de M. Rococo.

Il s'en présenta d'abord une foule, se disant peintres d'histoire; ils s'imaginoient qu'il suffit de copier un modèle de l'académie, de le baptiser d'un nom grec ou romain, pour mériter ce titre respectable; leurs tableaux offroient une exécution hardie, des attitudes théâtrales, un grand éclat de couleurs, des expressions outrées, l'absence du beau idéal avec la charge de l'antique. Le jury observa que la maison de M. Rococo n'étant pas une maison de commerce, il n'avoit que faire de ces brillantes enseignes.

Il en vint d'autres sous un titre plus modeste, celui de peintres de genre; mais ils avoient la prétention de représenter les rois et les héros : on leur dit que, pour chanter Achille, il faut être Homère; que M. Rococo n'avoit point de boudoir pour placer des productions si jolies, si léchées, et peintes avec des couleurs si fines et si fraîches.

On vit paroître ensuite deux élèves de la première école ; leurs tableaux, représentant des sujets austères , promettoient des rivaux des grands maîtres : on leur prodigua les éloges et les encouragemens les plus flatteurs, on les invita à repasser dans deux ans, en leur disant que pendant cet intervalle on alloit leur préparer des couronnes.

A ces élèves fameux succédèrent les peintres de portraits; on fut assez content de la ressemblance et sur-tout des costumes ; mais, par malheur pour eux, un portrait de Wandik étoit placé dans le local des séances, ils furent tous écrasés.

On annonça paisiblement un groupe de dessinateurs, de peintres de faïence ou porcelaine : leurs ouvrages étoient merveilleusement pointillés, et de plus, c'étoient des copies. Les jurés observèrent que M. Rococo avoit toujours eu un foible pour les originaux ; ils insistèrent et dirent qu'au Salon de 1817, le jury avoit laissé entrer des copies : on répondit qu'il n'étoit pas nécessaire de répéter en province les sottises qui se font dans la capitale.

On étoit surpris de ne point voir paroître les nombreux paysagistes. M. Rococo les fit approcher ; mais quel fut son étonnement de trouver encore des repoussoirs ou des bottes dans des productions pleines de mérite ; cependant il ne put résister au plaisir de les examiner long-temps , parce que si ce genre pique moins la curiosité que les autres, il la satisfait davantage : il les invita à venir dans son grand salon étudier un fameux peintre de paysages que sûrement ils ne connoissoient pas encore, et qui se nommoit Claude Lorrain.

Immédiatement après parurent ces peintres qui, avec des couleurs, de la patience, et quelques notions de perspective, font des choses si admirables et si étonnantes. M. Rococo les regarda long-temps et avec plaisir. « Je suis fâché pour vous, leur dit- » il, que l'illusion ne soit qu'un mérite

» secondaire, bien éloigné du but que se » proposent les beaux arts ».

Vint ensuite un des premiers peintres d'histoire, avec des tableaux dont les sujets étoient tirés des poètes anciens; quelques parties de l'art y étoient portées au plus haut degré; il n'en étoit pas de même de l'expression, de la poésie et du beau idéal. Le maître d'école se permit quelques réflexions : il dit qu'il ne falloit pas avilir les héros sur la scène; que, quelques criminels qu'ils fussent, il falloit trouver l'art de les rendre intéressans; qu'on ne devoit jamais, pour donner de l'expression, altérer la beauté des formes; que les Grecs nous avoient appris une grande vérité, c'est que l'expression de la beauté étoit la première de toutes; qu'un tableau d'histoire devoit représenter une action et non un entretien; et, pour citer un exemple, il observa qu'un des plus beaux entretiens de l'antiquité, c'est sûrement celui de Didon et d'Enée, et que lorsque le poète latin raconte cette conversation, on ne s'intéresse ni à Didon, ni au héros Troyen; mais aux grands événemens de la ruine d'Ilion; qu'ainsi le peintre qui voudroit peindre Enée racontant ses malheurs, n'intéresseroit pas, à moins qu'il n'eût l'art, comme le peintre Virgile, de mettre sous les yeux ses illustres infortunes. Ces tableaux furent accueillis avec tous les honneurs dûs au talent et au génie; on les couvrit de fleurs, mais non de couronnes.

On annonça avec beaucoup d'emphase un autre peintre non moins célèbre : il avoit choisi son sujet dans l'histoire moderne, et avoit représenté le héros le plus cher à la nation. Dès que son tableau parut, les jurés, les spectateurs, M. Rococo lui-même, furent saisis d'un saint respect; il se fit un grand silence qui fut celui d'une profonde admiration; il ne fut interrompu que par des larmes d'attendrissement et les cris de la joie la plus cordiale; l'émotion étoit si grande, si universelle, qu'aucun des jurés n'osa faire des observations; il fallut que ce fussent des étrangers qui aperçussent quelques fautes dans ce magnifique tableau : ils observèrent qu'il laissoit beaucoup à désirer sous le rapport de la perspective aérienne, que les chevaux offroient quelques incorrections, que le coloris étoit triste et n'alloit pas jusqu'à l'idéal : personne n'écouta ni n'entendit ces observations, quelque justes qu'elles pussent être. M. Rococo dit à l'artiste : « Je vous félicite, au nom de tous mes com» patriotes, d'avoir peint un sujet si beau » et si touchant : comment refuser la pre» mière place dans mon salon à un tableau » qui en a une dans le cœur de tous les » Français ».

On vit arriver un groupe plus nombreux que tous les autres ; c'étoit celui des artistes qui avoient subi les refus du jury de Paris. On lisoit sur leurs visages, non l'expression de l'orgueil humilié, mais celle de l'indignation qu'éprouve le talent méconnu ; ils se présentèrent pleins de confiance dans les lumières et l'équité de M. Rococo, qui les reçut avec bonté, leur

parla avec intérêt de l'injustice qu'on leur avoit faite ; il leur dit que de tout temps les gens de talent, et même les hommes de génie, en avoient éprouvé de semblables ; que c'étoit une petite consolation que l'orgueil suggéroit aux hommes froids, vains et méthodiques ; qu'il ne falloit pas pour cela abolir la critique, ni confondre les chefs-d'œuvre avec les ouvrages médiocres. « De tous ceux que vous voyez ici,
» leur dit-il, il n'y en aura peut-être qu'un
» seul d'admis, encore devra-t-il cet hon-
» neur au héros qu'il représente ; mais je
» me garderois bien d'en refuser aucun ;
» je croirois manquer aux égards dûs aux
» artistes, si, après les avoir invités à expo-
» ser leurs productions, j'en refusois une
» seule. Mais comme le monarque qui
» appelle auprès de lui ses fidèles sujets
» les place sur les gradins de son trône en
» raison de leur mérite ou de leurs digni-
» tés, de même j'assignerai aux produc-
» tions de l'art une place proportionnée
» à leur perfection : ceux que le jury ne

» croira pas devoir être placés dans mon » grand salon, le seront dans mes corri- » dors ; mais tous obtiendront et des élo- » ges et les honneurs de la séance, parce » que tous les artistes sont frères, que le » plus habile est celui qui a le moins de » défauts, et qu'il est affreux d'humilier » par des refus ceux qui concourent à la » prospérité et à la gloire de la nation par » la culture des arts libéraux ».

Ensuite M. Rococo ordonna qu'on laissât exposés dans la salle des examens les tableaux que le jury avoit jugés médiocres. Le public visita avec plaisir tous ces essais, décerna aux uns les honneurs de la critique, et honora les autres d'un regard ou d'un sourire.

Alors le ciel s'obscurcit, des éclairs sillonnèrent l'horizon, la foudre éclata et renversa l'édifice de M. Rococo : sur ses ruines on aperçut un temple avec cette inscription : *Temple de la Renommée* : on voyoit dans l'intérieur Homère et Michel-Ange, Raphaël et Virgile, le Titien le Corrége, Rubens, Wandik, Vernet, Claude Lorrain ; et sous le vestibule on distinguoit David, Girodet, Gérard, Guérin, Gros, Valenciennes, et une foule d'autres artistes célèbres qui montoient les escaliers.

FIN.

www.ingramcontent.com/pod-product-compliance
Lightning Source LLC
LaVergne TN
LVHW020456230826
846091LV00008BA/3234

* 9 7 8 2 0 1 6 1 2 4 8 8 8 *